1048

L'ARMÉE

ET LA

MISSION DE LA FRANCE EN AFRIQUE

L'ARMÉE

ET LA MISSION

DE

LA FRANCE

EN AFRIQUE

DISCOURS

PRONONCÉ DANS LA CATHÉDRALE D'ALGER
LE 25 AVRIL 1875
POUR L'INAUGURATION DU SERVICE RELIGIEUX
DANS L'ARMÉE D'AFRIQUE

PAR

Mgr L'ARCHEVÊQUE D'ALGER

> « J'ai fait des efforts pour détourner mon
> » pays de s'engager dans la conquête de
> » l'Algérie. Ma voix n'était pas assez puis-
> » sante pour arrêter un élan qui est peut-
> » être l'ouvrage du Destin. »
>
> BUGEAUD.

> « La Providence, qui nous destine à civi-
> » liser l'Afrique, nous a donné la victoire. »
>
> LAMORICIÈRE.

ALGER
LIBRAIRIE A. JOURDAN, ÉDITEUR
(ANCIENNE MAISON BASTIDE)

—

1875

L'ARMÉE

ET LA MISSION

DE

LA FRANCE

EN AFRIQUE

Ecce ego aperiam tumulos vestros, et educam vos de sepulcris vestris ; et scietis quia ego Dominus locutus sum, et feci.

J'ouvrirai votre tombe, et je vous rappellerai à la vie ; mais vous n'oublierez pas que c'est moi, votre Dieu, qui l'ai voulu, et que votre résurrection est mon œuvre.

Ezech., XXXVII, 12, 14.

MESSIEURS,

C'est ainsi que Dieu parlait, par ses prophètes, aux Juifs courbés sous le joug des rois superbes de Babylone; c'est ainsi qu'il parle aux descendants des antiques races africaines, ensevelies depuis de longs siècles dans les ténèbres de la barbarie et de la mort. Et, de même que, pour arracher son peuple à la servitude, il choisissait une armée, l'armée de Cyrus ; de même, pour rendre à la vie la terre illustre des Tertullien, des Cyprien, des Augustin, de tant de grands hommes, il a choisi une armée, l'armée de la France.

Ne vous étonnez pas de ces choix de la Providence. Avec les apôtres de la vérité, les hommes de guerre sont ceux que Dieu associe le plus visiblement à son action dans le monde. Aux premiers, il confie les desseins de sa miséricorde, aux seconds, les arrêts de sa justice ; et les uns et les autres sont appelés à payer cet honneur suprême d'un même prix, qui est celui de leur sang.

Si donc il n'est rien de plus digne de l'exécration des hommes que les passions qui allument la guerre et les malheurs qui la suivent, il n'est pas de spectacle plus auguste que celui des conseils éternels, par lesquels Dieu, respectant la liberté que nous tenons de lui, conduit nos luttes et leurs crimes mêmes au point précis qu'a marqué sa sagesse. Soit qu'il veuille fonder les empires et enchaîner les peuples à leur fortune, soit qu'il châtie des races coupables et leur fasse expier par la ruine l'obstination de leur décadence, soit qu'il retrempe leur vigueur dans les épreuves et dans le sang, la guerre est l'instrument redoutable de sa Providence, et la terre des champs de bataille est cette terre mystérieuse dont parlent nos Saints Livres, où sa main écrit les noms des peuples qu'il appelle à la vie et les noms de ceux qu'il a voués à la mort (1) !

Vous ne le nierez pas, sans nier votre gloire, vous,

_____

(1) *Recedentes a te in terra scribentur.* JEREM., XVII, 13.

dont la voix des siècles a résumé l'histoire dans cette parole magnifique : les Actes de Dieu par les Francs (1) !

Sans doute, les conseils d'en haut échappent souvent à nos faibles regards. Ne pouvant percer les profondeurs de l'avenir, nous ne saurions juger toujours de la portée des coups du présent. Mais il est cependant des caractères où il est impossible à l'homme de méconnaître l'esprit et la main de Dieu.

Lorsqu'une nation s'arme pour servir les grandes causes de l'humanité et de la justice, lorsqu'elle porte avec elle la lumière et le nom de Jésus-Christ jusque dans les régions barbares, lorsque, dans le sentiment élevé du devoir, elle s'impose le sacrifice de ses trésors et de son sang pour arracher un peuple à la mort, lorsqu'elle souffle sur ses ossements arides et que peu à peu elle leur rend la vie, il faut proclamer, dans une si généreuse entreprise, une action supérieure à celle de l'homme, et confesser, avec le Prophète, que c'est Dieu même qui inspire ces courages désintéressés et appelle du tombeau ces autres Lazares.

A ces traits, qui ne reconnaîtrait l'histoire de notre conquête africaine, et si jamais la France a reçu une mission d'en haut, quand fut-elle plus évidente ? J'en trouve partout, ici, la marque assurée : dans les causes, dans les premiers pas, dans les progrès, dans les obstacles, dans la valeur des chefs, dans la patience des soldats, dans la persévérance et le dévouement de tous, dans ce

(1) *Gesta Dei per Francos !*

qui est fait déjà et dans ce que l'avenir réserve à cet immense continent dont vous avez ouvert les portes ; en sorte que faire cette histoire, c'est moins encore parler de vous, que constater, à chacune de ses pages, la main de Dieu qui vous guidait. Et voilà pourquoi j'ai pensé ne pouvoir mieux célébrer, aujourd'hui, le rétablissement du culte chrétien dans l'Armée Française, en Afrique, qu'en rappelant, en présence de ces autels, ce que vous avez fait pour répondre à la mission providentielle dont Dieu a confié la préparation à votre valeur.

Seigneur, soyez béni de ce que je vais placer aujourd'hui le nom de la France à côté du vôtre, et de ce que je le fais avec justice, puisque, pour préparer ces jours dont nous voyons déjà l'aurore, vous avez emprunté son bras et son cœur ! Soyez béni de ce que la mission qu'elle a reçue de vous, peut devenir, si elle le veut, un gage de votre miséricorde, et de ce qu'au milieu même de ses douleurs, elle trouve, sur ces lointains rivages, dans le souvenir des actes de ses fils, une moisson de gloire !

I

Le seizième siècle commençait, lorsque, sur les débris des principautés arabes de l'Afrique du Nord, s'éleva une puissance nouvelle, qui devint bientôt la terreur du monde chrétien.

Deux pirates, dont la légende populaire a immortalisé le nom, les Barberousse, établissent à Alger, par la trahison et par le meurtre, un royaume, qui restera, jusqu'à la fin, digne d'une telle origine. Sans foi, sans pitié, unissant à la plus audacieuse bravoure le génie du pillage, ils forment autour d'eux cette terrible milice, composée de Turcs récemment arrivés en Europe du fond de la Tartarie, et de renégats chrétiens ramassés, pour une vie de brigandage et de débauches, sur toutes les côtes de la Méditerranée. Le premier soin de ces hordes barbares est de dompter les Arabes, et de noyer dans le sang toute pensée de résistance ; puis, maîtres absolus de la terre, ils se tournent triomphants vers la mer, et pendant trois cents ans ils courent à la curée du monde.

Durant ces tristes siècles, aucun navigateur chrétien ne peut être certain un seul jour, ni de sa vie, ni de son honneur! A chaque moment, des extrémités de l'horizon, du milieu des rochers, il peut voir s'élancer d'audacieux pirates, qui, poussant des cris inconnus et le menaçant de leurs armes, lui enlèvent d'un seul coup ses biens et sa liberté. Chaque nuit, les villes, les villages, placés à la portée d'une incursion de ces sauvages agresseurs, peuvent voir leurs portes renversées, leurs maisons envahies, et leurs habitants massacrés ou entraînés par la violence. Vainement la crainte universelle a-t-elle multiplié les défenses ; vainement a-t-on établi, sur les côtes de l'Italie, de l'Espagne, de la Provence, des îles de la Méditerranée, ces hautes tours que nous voyons encore debout comme un lugubre témoignage de tant d'abominables entreprises : la ruse, l'audace, la persévérance triomphent de tout, et, chaque année, des milliers de victimes viennent grossir la troupe infortunée qui gémit dans les bagnes algériens.

Là, vendus comme un vil bétail, livrés à des maîtres avides, qui les torturent souvent jusqu'à la mort, pour les forcer au travail que refuse leur faiblesse, pour les contraindre à l'apostasie, ou pour les soumettre à d'infâmes exigences, ils ne trouvent d'autre adoucissement à leurs maux que le dévouement de ces religieux intrépides voués au rachat, ou, pour le dire d'un mot que l'admiration des siècles a consacré, à la Rédemption des captifs.

Ceux d'entre vous, bien rares désormais, qui sont, en Algérie, les contemporains de la conquête, savent ce que je dis. Ils ont vu les dernières victimes de ces supplices. Ils ont vu les instruments qui les livraient à la mort, les crocs de fer qui garnissaient les remparts, et sur les pointes desquels on jetait les esclaves, pour les laisser mourir de douleur, de soif et de faim aux rayons ardents du soleil. Ils ont vu les humides cavernes, où ils agonisaient lentement, privés d'air et de lumière. Ils ont entendu l'horrible histoire des cent dix Français, tombés, à la veille même de notre expédition, entre les mains de ces barbares, et dont les cent dix têtes, empilées dans des sacs immondes, furent livrées par le Dey Hassein aux outrages de la multitude.

A de semblables récits sans cesse renouvelés, l'Europe se soulevait de douleur et de rage. Les princes rougissaient du sanglant tribut payé à la barbarie. Les plus puissants, Charles - Quint, Louis XIV, avaient tenté vainement de l'anéantir.

Fiers de tenir en échec les maîtres du monde, défendus par des côtes inhospitalières, appuyés sur les barbares populations de l'Afrique, enrichis par leurs pillages, les pirates se proclamaient et se croyaient invincibles. « Les eaux l'environnent, la mer est la source » de ses richesses, les flots sont ses forteresses, l'Afrique » et la Libye ses auxiliaires. (1) » Ainsi parlaient autrefois d'Alexandrie les peuples de l'Orient ; ainsi parlaient d'Alger les peuples de l'Europe, désespérant de le jamais vaincre, et, pour échapper à ses corsaires, se résignant, l'un après l'autre, à acheter honteusement à prix d'or une paix chaque jour violée.

Dieu cependant a déjà choisi le bras auquel il va confier sa vengeance. Mais la France ne s'y portera pas d'elle-même. Il faut, si je l'ose dire, qu'on l'aille chercher, et que des coups répétés triomphent de sa longue résistance.

C'est d'abord l'acte insensé par lequel le Dey d'Alger inflige à notre représentant le dernier des outrages, et lui déclare, par surcroît, n'avoir nul souci ni de son roi ni de sa nation. C'est la destruction violente de notre commerce et de nos comptoirs dans la Régence. Il semble que cela doive suffire pour nous précipiter sur ces barbares ; et cela suffit, en effet, dans les conseils du

____

(1) *Alexandria populorum ; aquæ in circuitu ejus: cujus divitiæ, mare: aquæ muri ejus.. Africa et Libyes in auxilio suo.* — NAHUM, III, 8, 9.

Souverain, où un soldat et un prêtre font partager à ceux qui les entourent l'émotion de leur foi et de leur vieil honneur. Je les nommerai tous deux, car ils ont droit à la reconnaissance de l'Algérie. Le soldat était un Clermont-Tonnerre, que sa noble devise (1) autorisait à relever la tête devant l'injure, alors même que tous eussent voulu la laisser impunie ; le prêtre était l'éloquent évêque d'Hermopolis. (2)

Ils comptaient sans les résistances calculées d'un parti déjà redoutable, qui repoussait une guerre, d'où la religion devait sortir vengée, et le prestige des rois très-chrétiens entouré d'une auréole de gloire. Devant cette opposition menaçante, il fallut que l'honneur de la France attendît trois ans.

Mais c'est en vain, ô politiques, que vos calculs cherchent à se soustraire à des desseins plus hauts. En vain proposerez-vous au pacha musulman de l'Égypte de se faire le champion de votre querelle ; en vain invoquerez-vous l'autorité de la Sublime-Porte ; en vain, dissimulant le dépit de ces insuccès et tremblant de mécontenter une nation puissante, enverrez-vous humblement demander à ce chef de brigands qui vous brave, une démarche ambiguë, dont vos cœurs abaissés se contenteront. Il va frapper enfin un coup qui brisera vos résistances. A votre ambassadeur, qui attend, dans la rade d'Alger, sa réponse à votre prière, il enverra, pour toute

(1) *Etsi omnes, ego non !*
(2) NETTEMENT, *Histoire de la Conquête d'Alger*, p. 155.

excuse, avec l'insolence d'un barbare, une bordée de ses canons chargés à mitraille.

C'est le coup de tonnerre par lequel la Providence déchaîne la tempête.

La France se réveille au bruit des canons d'Alger. Elle sent qu'elle cesserait d'être elle-même, si elle ne vengeait un tel outrage. Le vieux roi Charles X déclare aux représentants de la nation qu'il ne saurait le laisser impuni. En un instant l'ardeur guerrière, si longtemps comprimée, se manifeste de toutes parts. On voit des officiers, des généraux mêmes, solliciter de faire, comme simples soldats, la campagne d'Afrique. L'enthousiasme éclate surtout dans les provinces méridionales, victimes séculaires de la piraterie musulmane. Ce fut au bruit des cloches, avec l'accompagnement des chants sacrés et des bénédictions de l'Église, aux acclamations d'un peuple qui mêlait les ardeurs de sa foi au souvenir de ses souffrances, que l'armée, conduite par Bourmont, monta sur la flotte qui lui était préparée ; et lorsqu'un descendant de Saint-Louis, l'héritier même du trône, vint traverser à Toulon les longues lignes des vaisseaux, où les soldats de la France juraient d'être dignes de leurs pères, où les matelots sur leurs vergues faisaient monter jusqu'aux cieux l'antique cri de guerre de la patrie, il sembla aux témoins de cette scène sublime qu'un souffle des croisades vînt soulever nos drapeaux !

C'est ainsi que notre flotte prend sa route, au milieu des sympathies ardentes de tous les pays chrétiens qu'elle laisse derrière elle. L'Espagne, l'Italie, les îles de la Méditerranée, se rappelant leurs villes incendiées, leur commerce ruiné, les morts tombés sous les coups des barbares, les esclaves sans nombre, hommes, femmes, enfants, arrachés violemment de leurs rivages et gémissant encore dans les bagnes, unissent leurs vœux pour son triomphe, et notre armée s'avance vers le sanglant repaire de la piraterie, soutenue dans son entreprise vengeresse par les bénédictions du présent et les longues malédictions du passé.

Vous la voyiez, et vous la bénissiez du haut du Ciel, ô Dieu, protecteur de la faiblesse et vengeur de l'iniquité ! Vous reconnaissiez dans ces chefs intrépides, dans ces soldats, qui marchaient à la mort pour le triomphe de l'honneur, de l'humanité, de la justice sur la plus monstrueuse barbarie, vous reconnaissiez les fils des guerriers de Clovis, de Charlemagne, de Saint-Louis, les fils de cette France, que vous avez armée, pendant tant de siècles, pour être, en votre nom, l'appui de tous ceux qui invoquent ici-bas ce nom sacré contre l'injustice triomphante ! Seigneur, aux jours mauvais, vous vous souviendrez de la fidélité des anciens jours ; vous n'oublierez pas le pacte séculaire qui nous avait faits partout les soldats de votre cause, et vous sauverez les fils, même coupables, en souvenir des vertus de leurs pères.

Enfin, le 13 juin 1830, au lever du jour, la terre d'Afrique apparaît aux yeux impatients de l'armée qui vient y chercher tant d'épreuves et tant de gloire. Elle leur apparaît avec ses hautes montagnes qui semblent soutenir le ciel, ses collines qui baignent dans les flots leurs pieds couverts de verdure, ses maisons éparses au-dessus du rivage, la lumière pure de son soleil et les teintes de sa mer qui rappellent aux vétérans de l'armée d'Égypte l'azur des mers de Syrie, ce spectacle dont les climats du Nord ne peuvent donner une idée, qui nous a tous charmés, quand nous l'avons contemplé pour la première fois, et que les vieux soldats regrettent encore jusque sous le ciel de la patrie.

Mais ces splendeurs d'un monde nouveau s'illuminent d'un éclat plus vif par l'espoir, désormais prochain, du combat et de la victoire.

Le lendemain, anniversaire de Marengo et de Friedland, l'armée, qui compte plus de trente mille hommes, prend terre, à six lieues d'Alger, au point précis qu'avait marqué, un quart de siècle par avance, un officier des armées de Napoléon. Le débarquement, contre toute attente, ne rencontre point d'obstacle. Le Dey a donné l'ordre de laisser aborder librement nos soldats, afin, disait-il dans son orgueil, qu'il n'en pût échapper un seul pour apprendre à la France la destruction de son armée.

Il comprendra bientôt sa folie.

Déjà tout se prépare pour l'attaque. La presqu'île de Sidi-Ferruch est occupée. Une redoute, qui s'appuie, de chaque côté, sur la mer, défend le camp français contre les surprises. L'ennemi se masse, à notre vue, sur les collines de Staouéli. Il réunit bientôt autour de ses drapeaux sans nombre cinquante mille combattants. Le lieutenant du Dey d'Alger, celui du Bey d'Oran, le Bey de Constantine, en personne, commandent cette armée, où des nuées de cavaliers indigènes appuyent la milice turque. Les nôtres brûlent de se mesurer avec l'ennemi. Mais le sage comte de Bourmont ne veut rien laisser au hasard. Il retient l'impatience universelle. Lui-même, établi sur une élévation qui domine la mer, près des ruines d'une vieille tour bâtie par les Espagnols, à l'époque de leur domination passagère, procède aux premiers préparatifs.

C'est là que, sur un autel improvisé, seize prêtres de la France, qui ont accompagné l'armée, offrent solennellement le sacrifice et ressuscitent le culte chrétien sur la terre africaine. A cette même place s'élevait, dans les premiers siècles, une Église épiscopale (1). A quelque distance, auprès de la mer, on apercevait et on voit encore, parmi les ruines, toujours debout, malgré les injures du temps, la basilique de Tipasa. C'était sous les voûtes de ces temples que retentissait autrefois la prière catholique. Le temple, où priait aujourd'hui l'armée de la France, n'avait d'autre voûte que le ciel, d'autres bornes que l'immensité. Il convenait qu'il en fût ainsi, et qu'avant la voix des armes, Dieu, par la bouche de ses ministres, pût faire entendre sans obstacle à ces rivages, dans la langue où ils les entendaient autrefois, les paroles de résurrection et d'espérance.

(1) Casæ Favenses.

Enfin, après cinq jours d'attente, le 19 juin se lève, et, avec lui, l'aurore de nos victoires.

Au signal parti de leur camp, les troupes barbares s'ébranlent, et s'avancent, avec des cris, contre les redoutes que garde notre armée. Berthezène, Loverdo, Des Cars, qui commandent nos divisions, sont à la tête de leurs troupes, sous les yeux de Bourmont. Lahitte et Valazé les appuient. Un vieux général de l'empire, Porret de Morvan, occupe le poste du péril avec toutes les ardeurs de sa jeunesse.

Vous étiez là, attendant de donner vos premiers coups, obscurs encore, mais portant déjà vos victoires dans la mâle fierté de vos regards, capitaines futurs des grandes guerres de ce siècle : Lamoricière, Changarnier, Duvivier, Damrémont, qui deviez attacher vos noms à nos batailles africaines ; Pélissier, vainqueur de Sébastopol ; Mac-Mahon, soldat intrépide de Malakoff et de Magenta; Baraguey d'Hilliers, Vaillant, Forey, Magnan, Chabaud-Latour ; et vous, brave Dumesnil, qui deviez écrire cette noble histoire ; et vous, digne fils des croisés, Quatre-barbes, qui deviez demander à la France, dans ses assises solennelles, de terminer par la croix cette conquête commencée par l'épée, et subir à Ancône une défaite plus noble que les plus nobles victoires !

La bataille est engagée. Nos soldats ont vu, pour la première fois, accourir, en rangs confus, du fond de la plaine, à travers les broussailles et les hauts aloës, ces cavaliers arabes que nous devions trouver devant nous

durant vingt années. Leurs longs vêtements blancs soule-
vés par la course, semblant voler au-dessus des obstacles,
rapides comme l'aigle, brandissant leurs longs fusils, ils
se précipitent, arrivent à notre portée, s'arrêtent soudain,
tirent et s'enfuient, pour recharger et revenir encore. C'est
un immense tourbillon, où hommes et chevaux partagent
la même furie et se communiquent leurs passions. « Il
« s'élance, disait Job en parlant du cheval de l'Arabie,
« il s'élance dévorant l'espace, dès que retentit le bruit
« des armes. Il entend le signal du combat, et il dit : Vah !
« De loin, il sent l'odeur des batailles, il comprend les
« excitations des chefs, les clameurs de l'armée (1). » Tel le
peignait, il y a cinq mille ans, l'écrivain sacré, tel nos soldats le voient sous leurs yeux, comme une apparition de
cet orient, immobile jusque dans ses ardeurs.

L'armée doit lutter contre un adversaire plus redoutable : c'est la milice turque, qui, depuis trois siècles,
fait trembler les populations de la Régence. Elle nous
aborde avec une énergie farouche et l'assurance d'une
vieille troupe qu'animent la rage religieuse et la conscience
de n'avoir jamais subi de défaite. Le choc est terrible.
Un moment, une de nos ailes est ébranlée ; mais les chefs
ramènent leurs soldats. On voit l'intrépide Mounier entraînant les siens, lutter seul, avec quelques braves, contre
une multitude d'ennemis qui l'entourent; un mouvement

(1) *Fervens et fremens sorbet terram. Ubi audierit buccinam, dicit :
Vah ! Procul odoratur bellum, exhortationem ducum, et ululatum
exercitus.* Job, xxxix, 24, 25.

offensif le délivre. Partout le combat est engagé. Nos vaisseaux, qui se sont approchés du rivage, appuient l'armée du tir de leurs canons, et portent le désordre dans les rangs ennemis. Enfin, un cri, un cri terrible, ce cri de l'infanterie française qui fait trembler les champs de bataille, sort à la fois de toutes les poitrines : En avant ! à la bayonnette ! en avant !

C'est fait ! Le torrent vainqueur se précipite. Tout ce qui résiste est renversé. Les cavaliers arabes se dispersent aux quatre vents du ciel, allant annoncer à leurs montagnes qu'elles vont recevoir de nouveaux maîtres. Les Turcs seuls tiennent encore et se font tuer avec courage ; mais ils sont désormais trop peu pour notre nombre, nos soldats les écrasent. Ce n'est plus qu'une déroute ; ils ne s'arrêteront que sous les murs d'Alger, et les nôtres franchissent, en les poursuivant, les deux lieues qui le séparent du camp de Staouéli, dont ils s'emparent et où ils couchent sous les tentes de l'ennemi.

Collines de Staouéli, vous avez été les témoins de leur victoire, vous avez entendu leurs cris de triomphe et les premiers accents de cette langue, qui était celle de la France et qui vous annonçait l'avénement d'un monde nouveau. Vous les avez vu s'incliner devant l'autel dressé sous vos palmiers antiques ! C'est là qu'au nom de leur Dieu, de leur patrie, du monde chrétien tout entier, ils prirent possession de la terre qu'ils allaient conquérir. C'est là que le plus grand de nos capitaines, le père de l'Algérie, a voulu que la prière fixât sa demeure sanctifiée par la pénitence et par le travail, et fit monter sans cesse vers le ciel, par les lèvres qui lui sont consacrées, un hymne de reconnaissance ! Seigneur, que cette prière monte jusqu'à votre cœur ! Qu'elle en fasse descendre vos bénédictions sur notre France nouvelle ! Qu'elle obtienne la rosée à ses champs, la fécondité à ses travaux, la vigueur aux bras de ses fils, la vertu et le courage à leurs âmes ! Qu'elle inspire toujours au vainqueur l'humanité et la justice ! Qu'elle donne au vaincu l'intelligence des biens que lui assure sa défaite ! Qu'elle fasse de tous un seul peuple, et que ce peuple soit digne de vous !

On eût pu poursuivre et tenter d'entrer, le jour même, dans la capitale épouvantée. Mais il faut attendre l'artillerie, que les ordres du chef de la flotte ont retenue dans la haute mer. Ce retard rend le courage à l'ennemi, à qui notre prudence semble de la crainte. Il se présente devant notre camp ; mais les nôtres le poussent, de proche en proche, jusqu'aux collines qui cachent encore Alger à leur vue. Là se livrent des combats nouveaux. Là tombe, mortellement blessé d'une balle qui a brisé sa poitrine, l'un des fils du comte de Bourmont.

Héros chrétiens l'un et l'autre, ils s'étaient agenouillés auprès des autels, avant de quitter la France, pour recevoir, des mains du Pontife, comme des croisés d'un autre âge, le Dieu de l'Eucharistie (1). Et maintenant, le fils, se sentant mourir et parlant des grandes causes de la religion

______

(1) D'Ault-Dumesnil, *Relation de l'Expédition d'Alger.* p. 162.

et de la France auxquelles il sacrifiait sa vie, disait en montrant sa blessure : « Elle est bien placée, là. Elle est près du cœur ! » Le père, averti de ce coup terrible, ne veut prendre que le temps d'embrasser et de bénir un fils si digne de sa tendresse ; puis, calme, tout entier au devoir, il retourne au poste du combat, et il trouve, pour annoncer son malheur, des paroles que Sparte eût admirées !

Les Turcs restent à Sidi-Khalef ce qu'ils étaient à Staouéli. On y voit un de leurs janissaires s'élancer sur une batterie, et, rejeté dans le fossé, recevoir dix blessures sans cesser de combattre, puis, une main coupée, s'enfoncer de l'autre un poignard dans le cœur, pour ne pas tomber vivant au pouvoir des Chrétiens.

Mais tant de valeur sera impuissante. L'armée s'est mise en marche de nouveau, et vingt jours après celui où elle a vu pour la première fois la terre d'Afrique, elle domine enfin les crêtes du mont Boudzaréah, sur les pentes duquel Alger est bâti.

Elle est sous ses yeux, cette ville fameuse, où tant de captifs, encore chargés de fer, n'attendent leur salut que de sa victoire. Le voilà, ce port, où les pirates trouvaient leur refuge, et où ils se partageaient les dépouilles sanglantes du monde chrétien ; dans la rade, la flotte française, qui appuie nos troupes par sa présence ; au loin, du côté du soleil qui se lève, les riches plaines de la Mitidja ; sur toutes les collines, des maisons sans nombre, avec leurs jardins d'orangers et leurs terrasses orientales ;

et sur les chemins qui bordent la mer, la population qui s'enfuit épouvantée ! L'armée salue de ses acclamations ce grand spectacle, qui lui promet enfin sa proie.

Mais entre l'armée et la ville, vers le milieu de la montagne, dominé par nos soldats, commandant Alger, se dresse un dernier obstacle : un fort, dont le nom rappelle, comme pour augmenter la fierté légitime de notre triomphe, la défaite de Charles-Quint.

Ses canons tirent sur nos troupes. Notre artillerie les réduit au silence. Bientôt ses murailles sont battues en brèche. Elles vont céder sous nos coups. Déjà nos soldats se préparent à l'assaut, lorsqu'une scène affreuse et sublime vient les frapper d'horreur et d'admiration. La garnison, qui défend la forteresse, sort en bon ordre, par une poterne, en emportant ses blessés. On voit un nègre rester seul, impassible, sur les murs ébranlés, au milieu des boulets qui pleuvent de toutes parts. Il disparaît enfin, et, mettant le feu au magasin des poudres, s'ensevelit sous les ruines qui vomissent au loin, comme un volcan, des flammes et des débris. Ce noir représentant des races africaines semblait renverser, devant le monde chrétien, les dernières barrières de la barbarie.

Toute lutte est impossible désormais. Le Dey, tremblant au fond de sa Kasbah, doit subir la loi du vainqueur. Bientôt Bourmont se présente en maître, dans ce palais où la France avait reçu l'outrage que nos mains venaient de venger.

Alger est à nous, ou, pour mieux dire, il est au monde civilisé.

Ils la nommaient « la bien gardée. » Mais ils auraient pu apprendre de nos Saints-Livres, qu'il n'y a de bien gardées que les villes gardées par Dieu (1). Au jour qu'il a marqué pour leur ruine, rien ne les défend plus : ni les tempêtes ne dispersent les flottes ennemies, ni les flots ne protégent les côtes inhospitalières, ni les remparts ne sont un sûr asile. Leurs pensées se confondent, et l'antique courage qui veillait sur elles n'est plus que folie. Et Dieu s'est enfin lassé de tant de violences et de tant de crimes ! Il a eu pitié d'une terre baignée de tant de sang et de tant de larmes, consacrée par la foi de tant de martyrs ! Les voilà dans sa main, ces fiers pirates ! Ils avaient dit, dans leur orgueil superbe : Que nous importe la France ! La France vient de leur répondre et de leur montrer son pouvoir !

Mais, en nous donnant le triomphe, il semble que Dieu s'en montre jaloux.

Le drapeau de la monarchie, qui a guidé nos soldats, tombe au lendemain du jour où il était arboré sur les murs de la Kasbah ; le vieux roi qui a préparé la conquête prend le chemin de l'exil ; Bourmont quitte Alger en fugitif, n'emportant avec lui, sur une barque étrangère, que le cœur de son fils.

Et tandis que les noms des princes, des capitaines qui ont pris part à nos guerres africaines, sont restés attachés à

(1) *Nisi Dominus custodierit civitatem, frustra vigilat qui custodit eam.* — Ps. cxxvi, 1.

nos villes, à nos villages, tandis que nous leur avons élevé des colonnes et des statues, aucun hameau ne garde les noms de ces premiers vainqueurs. Rien d'humain n'a survécu à leur victoire, et le seul monument qui soit resté d'elle, est la croix, qu'ils ont replantée sur ces rivages comme un signe de pardon et de vie.

Qu'on cherche à cet oubli des raisons humaines, j'en pourrais trouver moi-même, et je sais que la Providence n'a pas toujours besoin de miracles pour se faire entendre de nous. Mais je n'en vois pas moins que le seul signe qui soit resté de la conquête est un signe divin, et que Dieu n'a voulu, durant un demi-siècle, laisser inscrire, à côté du sien, le nom d'aucun autre vainqueur. C'est moi, semble-t-il nous dire, c'est moi, qui, par les mains de ces vaillants hommes, ai ouvert ce sépulcre, où un monde était enseveli !

II

Le sentiment chrétien de l'honneur avait présidé, dans l'expédition d'Alger, aux résolutions de la France. Devant les menaces d'une nation rivale, elle avait hautement affirmé ce qu'elle regardait comme un droit et comme un devoir : venger l'injure nationale et les humiliations du monde chrétien, conquérir la Régence, et travailler à nous l'assimiler un jour, par son libre retour à la civilisation et à l'ancienne foi (1).

(1) Rapport du duc de Clermont-Tonnerre au Roi Charles X. Notes diplomatiques, dans Nettement, *Histoire de la Conquête d'Alger.*

Quelle page eût ajoutée à nos annales l'histoire de notre conquête, si rien n'eût arrêté ces premiers élans; si nous avions pu, sans obstacle, poursuivre les succès, qui, en vingt jours, avaient mis entre les mains de Bourmont, Bône, Oran, et même la lointaine province de Titteri par l'investiture de leurs chefs; si, sans laisser aux Arabes le temps de douter de notre puissance, nous avions remplacé le gouvernement des Turcs par le nôtre; si, en assurant aux populations indigènes l'ordre, la paix, la prospérité, nous les avions gagnées peu à peu par nos bienfaits, par les exemples d'un peuple chrétien ! C'eût été une croisade, la dernière, la plus noble, la plus digne de la France et des inspirations de l'Évangile.

En un jour tout change d'aspect. La France ébranlée tremble sous les coups de la révolution, de nouveau déchaînée. Au dedans, l'esprit d'impiété se réveille et repousse toute pensée religieuse, pendant que notre faiblesse encourage les exigences jalouses du dehors. Il semble qu'une entreprise si glorieusement commencée doive avorter dans l'impuissance et dans la honte, et que Dieu en va retirer sa main.

Mais c'est le secret de la Providence de se servir des obstacles pour montrer, comme en se jouant, la faiblesse de nos pensées. De même qu'aux jours de l'hiver, nous voyons, sur nos côtes, les vaisseaux battus par les tempêtes qui menacent de les engloutir; mais le nautonnier dispose ses voiles, tient le gouvernail d'une main ferme, et c'est la tempête qui l'amène plus promptement dans le port; de même la Providence se sert de nos déchaînements et de nos ardeurs pour conduire nos destinées. Nous la verrons, après des résistances de dix années, réaliser à la fin notre conquête par ceux même qui l'auront le plus longtemps combattue.

Tout semble donc se liguer d'abord contre l'Algérie. Le prince, incertain de lui-même et de sa propre durée, les députés de la nation, effrayés des sacrifices à faire, conspirent pour rejeter, comme un fardeau, la noble mission qu'avait acceptée l'ancienne monarchie. Seul, l'instinct national, toujours fidèle, au fond, malgré ses erreurs, à notre vieux génie missionnaire et guerrier, proteste contre la pensée de cet abandon. Chaque fois qu'une voix plus hardie le propose, elle est couverte par la voix du peuple, j'allais dire par la voix de Dieu.

Cela dure dix années, années de contradictions, de doutes, de démarches sans gloire, de souffrances, de travaux stériles, et où rien ne reste digne de la France que la constance de ses soldats.

Un vieux général de l'Empire, Clauzel, dont les vertus guerrières méritaient une plus noble tâche, reçoit le premier la mission ingrate de garder, avec une poignée d'hommes, les villes occupées par nous, assez pour qu'on ne puisse dire que nous abandonnons le pays sans combattre, pas assez pour qu'on puisse nous accuser de le conquérir. Deux fois, par une pointe hardie, il pénètre dans les profondeurs du Tell, jusqu'à Médéah, et emporte sur les indigènes le Col de Mouzaïa, dont le nom deviendra fameux par tant de légendes guerrières. Après cette satisfaction donnée à l'honneur de notre armée, il traite dans l'ombre, avec le Bey musulman de Tunis, pour lui livrer les deux tiers de notre conquête. Mais, au premier bruit d'un tel projet, la clameur est si forte, que le gouvernement même, dont il suit les vues, est contraint de désavouer et de rappeler le négociateur. Berthézène, Rovigo, Voirol apparaissent à peine. Drouet d'Erlon leur succède, condamné à la même impuissance par suite des mêmes desseins. C'est à peine si, durant quatre années, quelques points nouveaux du littoral, Arzew, Mostaganem, Bougie, sont enlevés aux Arabes. Ils les assiégent aussitôt, comme ils assiégent déjà Alger, Bône et Oran.

Ces incertitudes ne retarderont pas seulement la conquête ; elles la rendront plus sanglante, en permettant à de formidables obstacles de se dresser contre nous.

Rien n'a remplacé, dans la Régence, l'administration cruelle, mais forte des Turcs, et les indigènes, délivrés du joug, sont en proie à la plus affreuse anarchie. Se ruant partout sur leurs anciens maîtres et sur leurs fils, les Coulouglis, les Arabes et les Kabyles ensanglantent, par leurs massacres, Médéa, Miliana, Mascara, Tlemcen, toutes les villes de l'intérieur. Les tribus se livrent à leurs goûts de guerre et de pillage, tantôt luttant entr'elles pour venger d'anciennes injures, tantôt s'alliant pour se jeter sur nos postes, pour piller nos transports, n'écoutant encore, dans ce premier délire de l'indépendance, que les instincts de sang, de brigandage, de courses guerrières, qui animaient leurs chefs de hasard. Nous pouvions profiter de ces désordres, et tenir divisées des races alors irréconci - liables, Maures des villes qui cherchent à dominer par la ruse, Arabes qui courent les plaines, Kabyles qui gardent sur leurs montagnes leur antique indépendance. Mais, qu'attendre d'yeux inattentifs, sans cesse tournés vers la France, pour y surprendre le signal du retour ? Le nom musulman couvre également, pour notre ignorance, le vainqueur, dont nous avons rompu le joug séculaire, et le vaincu, dont nous avons brisé les fers.

Et cependant, sur les sommets de l'Atlas, formant, avec les restes des Libyens et des Berbères, la masse des populations indigènes, se trouvent les descendants des chrétiens (1). C'est le Liban de l'Afrique, mais un Liban que l'Europe a délaissé, et où peu à peu le christianisme a disparu, après la destruction de son sacerdoce. Laborieux,

_____

(1) Voici comment le général Daumas, celui de tous les généraux algériens qui a le mieux connu la société indigène parle des Kabyles, dans son livre *Mœurs et coutumes de l'Algérie*. (4ᵉ édit.) p. 255 :

« Si l'on approfondit spécialement les mystères de la société kaby-
» le, plus on creuse dans ce vieux tronc, plus sous l'écorce musul-
» mane, on trouve de sève chrétienne. On reconnait alors que le
» peuple kabyle, en partie autochthone, en partie germain d'origine,
» autrefois chrétien tout entier, ne s'est pas complètement transfigu-
» ré dans la religion nouvelle. Sous le coup du cimeterre, il a accepté
» le Koran, mais il ne l'a point embrassé ; il s'est revêtu du dogme
» ainsi que d'un *burnous*, mais il a gardé, par dessous, sa forme
» sociale antérieure, et ce n'est pas uniquement dans les tatouages
» de sa figure qu'il étale devant nous, à son insu, le symbole de la
» Croix. »

sobres, pleins de courage, exempts de fanatisme pour une religion imposée par de longues violences et quatorze fois reniée par eux, séparés des Arabes par le ressentiment de l'opprimé contre l'oppresseur, n'ayant pas subi la loi des Turcs, conservant encore, dans quelques tribus, le signe sacré de la croix, et, dans toutes, le code, ou, comme ils disent, le canon de leurs lois civiles, les Kabyles semblaient destinés à notre alliance. C'est un de leurs chefs qui, dans les premiers temps, disait ces paroles remarquables, rapportées par Bedeau : « Nos ancêtres ont connu les chrétiens, plusieurs étaient fils des chrétiens, et nous sommes plus rapprochés des Français que des Arabes (1). »

L'Europe voit, en ce moment, une nation infortunée, déchirée par les serres de l'aigle moscovite. Selon toute apparence humaine, elle perdra son nom, sa langue, sa foi, tout ce qui constitue la vie d'un peuple. Mais si, après de longs siècles de martyre et de mort, il était donné à la Pologne de renaître à l'indépendance, si une nation sœur, ayant la même foi, les mêmes ardeurs généreuses, revenait lui dire : « Lève-toi, et reprends le nom et la gloire de tes pères ; » est-ce que les fils des martyrs qui ont inondé le sol de leur patrie d'un sang magnanime ne tressailleraient pas à cet appel ? Est-ce que, réveillés peu à peu de la servitude, ils ne salueraient pas leurs libérateurs par des cris d'allégresse ?

Et nous, je le dis avec tristesse, nous avons trouvé

(1) Nettement, *Histoire de la Conquête de l'Algérie*, p. 7.

devant nous, sans la reconnaître, une autre Pologne, les restes de ce peuple qui eut pour pasteurs et pour maîtres les Cyprien, les Optat, les Augustin, les Fulgence. Nous devions, dès le premier jour, jeter à ses montagnes et à ses vallées le cri de la délivrance. Nous devions lui dire : « Afrique chrétienne, sors du tombeau. Réunis tes débris épars sur tes monts et dans tes déserts. Reprends ta place au soleil des nations, tes sœurs dans la civilisation et dans la foi ; que tes enfants, apprenant de nouveau ton histoire, sachent que nous ne venons à eux que pour leur rendre la lumière, la grandeur, l'honneur du passé ! »

Cette pensée ne nous est pas venue, tant étaient grandes notre ignorance et notre insouciance du spectacle qui frappait nos regards ; tant était puissante en quelques-uns la haine hypocrite qui poursuivait la foi jusque dans ses plus anciens souvenirs, haine infernale qui sacrifiait, qui sacrifierait encore à son impiété, pour des siècles peut-être, les intérêts de la patrie et le sang des chrétiens !

Lorsque nous reconnaîtrons plus tard notre erreur, avec les progrès de la conquête, avec la science plus exacte de l'histoire, avec le réveil de la foi, il ne sera plus temps. Nos coups auront porté sur l'Arabe et sur le Kabyle, et leur sang également versé par nos mains les auront unis dans une haine commune contre leur commun agresseur.

Déjà l'abandon calculé, où, en dehors de la portée du canon de nos places, nous laissons les races indigènes, a produit ses premiers effets. Elles viennent de se donner un chef, qui réunira leurs forces éparses et les lancera contre les chrétiens.

C'est dans le Beylick d'Oran, plus remuant et plus fanatique, que le pouvoir d'Abd-el-Kader prendra naissance. Les marabouts, seule autorité alors reconnue d'un peuple qui n'a plus d'autre lien commun que sa foi, concertent son élévation et assurent bientôt son crédit par des fables qu'accepte une foule crédule.

Jeune, ardent, cavalier intrépide, savant et poète autant que peut l'être un barbare, le marabout de la tribu des Hachems, qui vient d'être proclamé chef de la guerre sainte, ne tarde pas à séduire, par ces dons extérieurs, les tribus qui l'entourent. Il cache encore, sous les apparences de l'humilité, de l'amour de la patrie et de la religion, l'ambition qui le dévore. Bientôt son zèle pour le coran, ses prédications contre l'infidèle, les soins qu'il met à flatter les plus pauvres, sa valeur qui brave avec un bonheur téméraire le feu des Français, ont assis son pouvoir. Dès lors il parle en maître, et c'est dans leur sang qu'il étouffe ses rivaux.

C'est peu que de fonder un empire ; il faut lui donner des conditions de vie et de durée. Là se manifestera le génie de l'Émir. Chaque tribu reçoit un chef qui doit répondre d'elle. Une implacable justice veille à l'exécution des lois et réprime le brigandage. L'ordre et la paix succèdent à l'anarchie. Il crée des finances régulières, par les droits d'investiture renouvelés chaque année, par la dîme de la guerre sainte. Il a une capitale, des fabriques d'armes, il aura bientôt une armée, et le Sultan du Maroc lui-même enverra des ambassadeurs au fils de Mahi-Eddin. Et tout cela est l'œuvre d'un Arabe de vingt-trois ans, dont l'enfance a vécu de l'aumône, et dont la jeunesse s'est passée au fond des montagnes, sous la pauvre tente d'un marabout. Tant le génie a de puissance, tant les œuvres deviennent faciles, quand un peuple entier soutient un homme, et qu'il ne semble plus penser, aimer, haïr, vivre que par lui !

Mais il va faire plus encore. Il va faire accepter et consacrer par nous le pouvoir qu'il destine à nous renverser.

Sous l'empire de la même pensée qui avait dicté à Clauzel un traité de cession au souverain de Tunis, Desmichels, qui commande à Oran, entre en relations avec Abd-el-Kader. Bientôt le marabout de Mascara traite presque de pair avec la France. Diplomate en naissant, comme tous les Arabes, il se crée des intelligences et des appuis jusque dans l'entourage du Souverain (1). L'appui des Juifs indigènes, leur or achèvent de lui aplanir toutes les voies. Son autorité est reconnue. On lui accorde un monstrueux monopole, source de misères pour les Français, d'oppression pour les Arabes : on ne fera de commerce qu'avec lui seul. On lui fournira des armes, on combattra ses adversaires, on recevra ses envoyés, dans l'espoir de se décharger à ce prix, sur un vassal puissant et sans la honte d'un abandon visible, du pesant souci de la conquête.

(1) Keller, *Lamoricière, sa vie, etc.* T. I. p. 86.

C'en était fait de l'Algérie. Encore quelques années de patience et de ruse, pour donner à son autorité la consécration du temps, pour former ses troupes régulières, pour fondre ses canons, acheter ses armes, et l'Émir pouvait jeter nos soldats à la mer. Mais, tandis que, sous le masque d'une indifférence étudiée, Abd-el-Kader se rit de notre aveuglement, il tombe lui-même, selon la belle expression de Bossuet, dans des ténèbres plus épaisses, sans qu'il faille autre chose, pour lui renverser le sens, que ses propres prospérités.

Tout à coup, l'écho d'un effroyable désastre arrive à la France des bords de la Macta. L'Émir est venu jusque sous les murs d'Oran, châtier, avec insolence, la tribu des Smélas, nos auxiliaires fidèles. Il amène de force leurs otages. Trézel, qui a succédé à Desmichels, le poursuit pour délivrer les prisonniers, ne voulant pas, malgré les traités, accepter la honte de voir frapper des hommes, dont le seul crime est de nous servir. Il reprend de force sa proie à l'Émir; mais, au retour, sa colonne, qu'alourdissent un convoi pesant, les roues de ses canons, les charrettes des vivres, les voitures des blessés, est surprise dans les gorges profondes coupées par les marais de la Macta. Les indigènes ont occupé, en troupes innombrables, les crètes qui commandent l'étroit passage. Ils fondent sur nous, de ces hauteurs. Notre petite troupe se serre et répond par son feu à celui des Arabes. Mais le convoi retient sa marche. Les conducteurs effrayés embourbent leurs chars dans les marais. Nos soldats veulent les défendre et sauver les blessés ; mais sur la longue ligne où ils doivent se déployer, ils sont coupés, et partout entourés d'ennemis. Les compagnies étrangères, réfugiées sur un mamelon où elles se défendent avec courage, sont menacées d'être anéanties. Oudinot est mortellement frappé en se portant à leur secours. Cependant Abd-el-Kader, avec l'instinct du barbare, fait mettre le feu aux herbes desséchées et aux broussailles qui couvrent la terre. Le théâtre du combat est une fournaise, dont un soleil brûlant et le vent du désert augmentent encore les ardeurs. Seuls nos canons protégent la retraite désordonnée d'une troupe qu'a gagnée la folie. Mais déjà le convoi tout entier est entre les mains des Arabes, et nos soldats entendent de loin les cris de nos blessés égorgés par ces sauvages avides de pillage et de sang. Nous avions perdu le quart des nôtres, et Abd-el-Kader pouvait envoyer sur tous les points de l'Algérie les trophées de son triomphe.

L'illusion sera de courte durée. Un long cri d'horreur accueille dans la France entière le récit lugubre de ce massacre. Il faut relever l'honneur de nos armes. Le vengeur de notre défaite sera celui-là même, qui, chargé de négocier l'abandon de l'Algérie, a dû se retirer devant les manifestations de l'opinion alarmée. Mais Clauzel est un homme de guerre. Il saura faire expier à l'Émir la mort de nos soldats. Pour mieux marquer l'importance de cette revanche militaire, on lui adjoint l'héritier même du trône, qui devait long-

temps partager avec honneur la vie de notre armée africaine, et entreprendre son histoire interrompue par la mort.

Mostaganem, La Chiffa, l'Oued-Djer, les Beni-Salah
sont le théâtre de dures représailles. Ce n'est pas assez,
il faut poursuivre le vainqueur jusque dans sa capitale.
Mascara tombe sous les coups du maréchal, et révèle la gloire naissante de Lamoricière. Tlemcen est
occupé, et le Méchouar, où le vieux Mustapha tenait
encore avec ses Turcs, est confié à la constance intrépide de Cavaignac. Le Sig, l'Habra, le Chéliff voient
nos soldats s'avancer sans résistance et se montrer jusque
sous Médéa.

Puis, comme s'il craignait de pousser trop loin la victoire, Clauzel retourne en France, et l'Émir reprend l'offen-
sive. Bugeaud, dont l'Algérie apprendra plus tard à
connaître le nom et à bénir la mémoire, mais qui est
encore l'adversaire déclaré de la conquête, paraît un moment pour battre Abd-el-Kader à la Sikkak, et vainqueur,
conclure bientôt avec lui, à la Tafna, un pacte nouveau,
où se montrent, plus encore que dans celui d'Oran avec
Desmichels, les pensées secrètes et la faiblesse du pouvoir (1).

C'est alors qu'a lieu, pour donner à l'opinion une satisfaction nouvelle, la première expédition de Constantine.
Elle aboutit à un désastre plus douloureux que celui
de la Macta. Clauzel est revenu pour diriger cette
campagne contre la province de l'Est, restée, par les traités,
en dehors des contrées livrées à l'Émir. Insuffisante par le

(1) Keller, *Lamoricière, sa vie, etc.*, t. I, p. 190.

nombre, en butte, sous le ciel africain, aux rigueurs inaccoutumées d'un hiver de Russie, manquant d'abri, de pain, de munitions que les terres défoncées par les pluies n'ont pas permis de transporter, l'armée est obligée à la retraite. Elle était partie de Bône au commencement de la saison des pluies, elle y revient diminuée de moitié, couvrant les chemins de ses morts, après avoir vu, à Constantine, les femmes musulmanes se précipiter au massacre des malades et des blessés qu'elle laissait derrière elle. Elle eût péri toute entière, sans la mâle constance du maréchal, qui montra dans sa défaite les vertus du grand capitaine, et sans l'intelligence et le brillant courage d'un simple commandant, dont le nom entra, ce jour-là, dans la gloire — c'était Changarnier.

La défaite est suivie dans le pays et dans l'armée d'un élan semblable à celui qu'a fait naître La Macta. Damrémont reçoit la mission d'effacer son souvenir de nos annales.

Général, mort, comme Turenne, aux bras de la victoire, capitaines, soldats intrépides, ensevelis vivants sous les murailles que vous veniez de conquérir, vous allez enfin faire céder, devant votre gloire, les oppositions obstinées et nous assurer l'avenir !

Asile imprenable des anciens maîtres de la Numidie, Cirtha, *la ville du diable*, selon les légendes africaines, est bâtie, comme un nid d'aigles, sur un piton aride que les gouffres du Rummel entourent de toutes parts, et qu'une langue étroite, avec un pont jeté sur les abîmes, relie seule à la terre. Pour défendre ces entrées, que des canons protégent'à l'intérieur, tous les habitants se sont faits soldats. Du haut de leurs murailles, des fenêtres de leurs noires maisons transformées en forteresses, ils accueillent avec des cris, des malédictions et des menaces, notre petite armée, qu'anime la présence de Nemours, l'un des fils du Roi. On somme le vieux Ben Aïssa, qui commande au nom du Bey Ahmed, de se rendre. Il répond avec une fierté antique que ne démentira pas son courage : « Si tu manques de poudre, nous t'en enverrons ; si tu n'as pas de pain, nous t'en fournirons; mais tant qu'un vrai musulman restera dans la ville, tu n'y entreras pas ! » — « Voilà des braves, dit le général en recevant leur réponse ; nous n'en aurons que plus d'honneur. »

Le temps, une fois encore, s'est déclaré contre nous. La pluie mouille nos poudres et défonce les routes. C'est sur leurs bras que nos soldats portent les canons, à travers le lit et les pentes du Rummel, jusque sur les hauteurs du Coudiat, sous le feu même de l'ennemi, qu'ils affrontent sans pouvoir lui répondre. Tout est enfin préparé. Le soleil, succédant aux sombres nuages des jours précédents, éclaire de ses rayons le commencement du combat, et les nôtres proclament, dans leur pittoresque langage, la victoire prochaine des soldats du Christ sur ceux de Mahomet.

Bientôt le canon tonne des deux côtés. Un boulet, parti des remparts, vient frapper le général, au moment où il s'avance pour en reconnaître les approches. Il tombe au poste du péril et de l'honneur. Valée le remplace, sans que l'ardeur de l'armée se ralentisse. Bientôt la brèche s'ouvre sous nos coups et va devenir praticable. Alors se manifeste la noble émulation de la gloire et du péril. Mais il faut choisir parmi les plus braves. Ils se précipitent aux accents de leurs chefs. Ils disparaissent, reparaissent, disparaissent encore aux regards de l'armée qui les contemple et les devance de ses vœux. On voit soudain, dominant la brèche, la chéchia rouge sur la tête, le manteau arabe sur les épaules, debout au milieu des coups et de la fumée, élevant son épée, appelant ses soldats, un chef intrépide : c'est Lamoricière, entraînant ses zouaves. La mort décime leurs rangs. Mais leur constance n'est point troublée. Déjà ils ont enlevé le drapeau musulman et placé sur la brèche le drapeau de la France. Ils descendent dans la place, enfoncent les portes basses des maisons, escaladent les fenêtres, d'où les balles pleuvent sur eux. Ils sont dans la première rue. Tout à coup, les murailles s'ébranlent, s'écroulent et ensevelissent les vainqueurs : c'est une mine qui éclate sous leurs pas. Les survivants hésitent; mais Combes, Bedeau, Leflô les entraînent. Bientôt la ville est envahie. Chaque maison soutient un siége. Chacune des rues étroites et couvertes devient une redoute à enlever. Mais peu à peu l'infanterie tout entière a franchi la brèche. Il faut fuir. La population sort éperdue par la porte d'El-Kantara. La Casbah seule résiste encore. Là se sont réfugiés, avec leurs femmes et leurs enfants, les derniers défenseurs de Constantine. On les voit gravir les murailles qui surplombent l'abîme sur lequel la ville est bâtie, se suspendre en grappes vivantes, et se précipiter tous ensemble, avec un effroyable cri, dans les gouffres du Rummel.

Constantine est prise, et le nom de ses vainqueurs est écrit au livre des grandes victoires : Damrémont, Valée, Perrégaux, Combes et sa mort stoïque, Changarnier, Leflô, Canrobert, Bedeau sont à la tête.

Le soir de ce jour immortel, on vit des officiers et des soldats, tenant dans leurs mains le drapeau pris sur la brèche, s'approcher d'un jeune colonel qui gisait aveuglé, sanglant, dans sa tente ; sans parler, ils déplient ce trophée de la victoire, et, avec cette délicatesse sublime du cœur, qui convient si bien à l'homme de guerre, ils en couvrent leur chef comme d'un manteau de gloire. Ce colonel était Lamoricière, retiré vivant des décombres où l'explosion l'avait enseveli. Ces soldats, c'étaient les zouaves !

Vrais soldats de l'armée d'Afrique, ils y étaient nés du noble cœur de celui-là même qui les menait sur la brèche de Constantine, et qui les avait formés à son image. Il disait d'eux, alors qu'ils ne comptaient presque encore, comme aujourd'hui nos tirailleurs, que des indigènes dans leurs rangs : « Les plus solides soldats du monde, marchant toujours, ne mangeant jamais ; après les plus longues courses, sans vêtements, sans chaussures, prêts à bondir sur l'ennemi, et suppléant à tout par leur ardeur guerrière. » Et quand les Français, devenant plus nombreux, remplacent les indigènes, on les voit ajouter à ces qualités premières l'initiative vive et prompte, la saillie gauloise, et cet esprit de corps qui transforme les hommes, en les rendant capables des prodiges que l'on attend d'eux. C'est ainsi qu'ils reçoivent de leurs devanciers et qu'ils transmettent à leurs successeurs les qualités que réclame une guerre où il faut surmonter les fatigues, tourner les difficultés et les obstacles, surprendre, se garder des surprises, se battre corps à corps dans les broussailles, sur les pentes inaccessibles, escalader les crètes, et, entre les combats, pourvoir à tout sur les provisions de l'ennemi : habitudes de la guerre qu'on leur a reproché quelquefois de conserver toutes, jusque dans la paix.

Tant d'indomptable valeur assurera la conquête. L'opinion se prononce désormais avec une force qui veut être obéie. Elle ne peut admettre qu'une terre, illustrée par le courage et par le sang de tant de braves, ne soit pas Française tout entière. Le pouvoir cède enfin, et, cette fois, ce sera sans retour.

Mais il faut attendre encore, avant que les lois nous donnent les hommes et les ressources, désormais nécessaires pour une conquête rendue, à plaisir, plus difficile.

Elles ne seront pourtant pas sans honneur, ces années, où, sous le commandement de Valée, se manifeste l'héroïque constance d'une armée, soumise, dans l'intervalle des combats, aux plus rudes épreuves de la fatigue, de la faim, de la soif, de la maladie.

Stora, Sétif, Blida, Djidjelly, les Portes de Fer, et,

lorsqu'Abd-el-Kader, effrayé de ces progrès de chaque jour, a levé le masque, l'Oued-el-Alleug, l'Arba, Cherchell, les Haractas, El-Affroun, le bois des Oliviers, le col des Mouzaïa, Miliana sont les témoins de nos victoires, et nous portent les noms de Changarnier, de Négrier, de Duvivier, de Galbois, de Salles, de Lafontaine, de Rulhières, du brave Yusuf, de Lamoricière, du duc d'Orléans, du duc d'Aumale. C'est une guerre de surprises, où il faut recevoir de pied ferme un ennemi qui sort à l'improviste des crètes escarpées ou des ravins profonds, le poursuivre dans sa fuite, le saisir, le forcer au combat. Là se déploie, chaque jour, le courage personnel. Les généraux, les officiers deviennent soldats, et combattent corps à corps avec l'ennemi. On voit, aux portes de Bône, le brave Morris accepter, au milieu de la mêlée, un duel avec une sorte de géant indigène, rouler avec lui de cheval dans la poussière, et le tuer, aux applaudissements de l'armée. En revanche, de simples officiers tiendront tête à des armées, comme Lelièvre à Mazagran; des sous-officiers deviendront d'un coup chefs de troupes, et Blandan inspirera à Béni-Méred la résistance héroïque de ses dix-huit compagnons d'armes contre des nuées d'Arabes. On voit briller encore plus de grandeur morale dans des scènes où se renouvelle l'antique héroïsme de la légion thébaine. Des soldats, de faibles détachements, environnés par des multitudes, prisonniers, désarmés, refusent la vie qui leur est offerte au prix de l'apostasie. Ils tombent, comme cette petite troupe de la Maison-Carrée, martyrs intrépides de leur foi. Que du haut du ciel, mêlés aux légions de martyrs de l'ancienne Afrique, ils soient les protecteurs de leurs frères d'armes et de la terre qu'ils ont arrosée de leur sang !

Mais pour nos soldats le courage de la mort et du champ de bataille est plus facile que celui de l'inaction et de la souffrance.

Toutes nos villes, Oran, Tlemcen, Mostaganem, Bougie, sont autant de places étroitement bloquées. Alger ne crée autour de lui une plus large enceinte que par ses camps, ses blokhaus, ses fossés qui le défendent contre les Hadjoutes de la plaine et les brigands qui se cachent sous leur nom redouté. Pour ravitailler chacun de ces postes où nos soldats sont enfermés, il faut une expédition souvent périlleuse. Si les troupes manquent, si la saison est trop dure, si la mer est déchaînée, c'est, pour nos soldats, la faim cruelle, l'abandon, la mort. Comment dire les souffrances de ces garnisons séparées de la France et du monde, enfermées sans gloire dans leurs murailles, en proie à la nostalgie, à la maladie, au désespoir. Vous savez l'histoire du Méchouar de Tlemcen, et celle du régiment de ligne, chargé de garder Oran au début de la conquête, manquant de vivres, de vêtements, de chaussures, et voyant son brave chef mourir de douleur des souffrances de ses soldats. Elle est plus lugubre encore, l'histoire de la première garnison de Miliana, tout entière en proie à la fièvre, et qui de douze cents hommes n'en compta que trente qui survécurent à tant de misères.

Et que dire des camps empestés de Bouffarik, du Fondouk, de l'Harrach, de l'Arba, de Bône, où l'on ne pouvait laisser séjourner les soldats, sans qu'ils n'y prissent des germes de mort ? Aussi compte-t-on parfois, dans ces rudes années, plus d'hommes malades qu'il n'en reste dans les rangs.

Mais c'est trop parler de leurs souffrances. Je n'en citerai qu'un dernier trait, noble comme les âmes de ces humbles enfants de la France, qui tombaient ainsi, loin de la patrie, sans gloire, sans espérance, sans les consolations même de la religion, que l'esprit de ce temps refusait à l'armée. C'est une parole simple et sublime de ces mourants, entassés dans de sombres réduits, seul asile que l'on put donner à de si nombreuses misères, et que visitait, l'âme navrée, l'un de leurs généraux : « Que faites-vous ici, mes enfants ? » leur dit-il. — « Nous mourons, mon général ! » Et il en est mort ainsi, en vingt années, sur la terre d'Afrique, plus que la France n'y compte aujourd'hui de colons.

Algériens des âges futurs, vous qui n'aurez pas connu les souffrances de vos pères, et pour lesquels il ne restera de cette histoire que les souvenirs lointains du passé, lorsque vous trouverez, dans les sillons de vos campagnes, les ossements blanchis de nos soldats, découvrez-vous avec respect, faites une prière pour ces braves dont aucune prière n'a béni la tombe, et dites à vos fils : Voilà ce qu'a fait la

France ! Elle a sacrifié pour vous les meilleurs de ses enfants. Ce sont eux qui, pour vous donner une patrie,
sont venus ici trouver la mort, non pas la mort soudaine
du combat, telle que le soldat doit l'attendre, mais la
mort lente et sombre, devant laquelle leur jeunesse s'est
courbée avec l'héroïsme austère du devoir !

III

Il y avait déjà plus de dix années que la France prodi-
guait à l'Afrique ses trésors et son sang. Et néanmoins,
en dehors de la province de Constantine, où le sage Bedeau organisait les indigènes, elle n'avait pas plus fait,
pour la soumission du pays, qu'au premier jour de la conquête. Aucune route n'était sûre. Aucune tribu n'avait
reconnu sincèrement notre pouvoir. Assiégés derrière nos
remparts, nous avions devant nous l'armée de l'Émir,
c'est-à-dire un peuple entier incarné dans son chef.

L'heure était venue de mettre énergiquement la main
à l'œuvre. Mais pour une telle œuvre il fallait un homme
de guerre ; Dieu donna Bugeaud à l'Algérie.

Formé à l'école des grandes batailles du commencement
de ce siècle, nature droite et sensée, rude, emportée,
ombrageuse quelquefois, bonne, honnête et juste toujours, il avait sur la guerre des idées personnelles, fruits
de l'expérience, de la réflexion, de l'étude, et qu'il menait à
la pratique, du même cœur qu'il menait ses troupes au feu ;
sachant ce qu'il voulait, le disant, forçant à le faire, et
justifiant sa ténacité par le succès, car il eut ce rare hon-

neur, durant huit années, et dans dix-huit expéditions qu'il conduisit lui-même, de n'éprouver jamais un échec ; aimant l'armée, aimé des soldats, leur donnant, plus encore que les témoignages d'une sollicitude paternelle, ce que les hommes demandent surtout à ceux qui ont l'honneur de leur commander, qui est de sentir une pensée qui les guide et une main qui les garde ; en un mot, et malgré des imperfections toutes du dehors et qui n'atteignaient en rien le fond, digne d'être mis au rang des grands capitaines.

Heureux, si à ces qualités de l'homme de guerre il eût joint, à un égal degré, celles qui sont nécessaires pour former l'âme d'un peuple, et si sur l'épée et sur la charrue, il eût, dès lors, ouvertement placé la croix !

Tel est l'homme qui vient mettre son épée dans la balance, pour la faire pencher enfin du côté de l'Algérie !

Chose éternellement digne d'admiration, et où nous retrouvons visiblement la main de la Providence, il a été jusqu'alors le plus constant adversaire de la conquête. Il l'a combattue avec persévérance par la plume, par la parole et par ses actes mêmes à la Tafna.

Il va donc se démentir lui-même. Mais sa loyauté le reconnaîtra, et elle en fera hommage à une puissance plus haute que celle de l'homme. Écoutez ces paroles qu'il adressait au monde, au moment où il prenait possession du gouvernement algérien : « A la tribune comme dans l'exercice du commandement militaire, j'ai fait des efforts pour détourner mon pays de s'engager dans la conquête absolue de l'Algérie.... Ma voix n'était pas assez puissante pour arrêter un élan qui est peut-être l'ouvrage du Destin. Le pays s'est prononcé ; je dois le suivre. »

C'est la parole d'un homme de guerre, d'un homme qui, selon le beau témoignage que lui a rendu l'un des plus grands écrivains de ce siècle, (1) ne se refusait jamais, et à aucun titre, à la vérité, lorsqu'il la voyait. Il reconnut donc, ce vieux soldat, dans la grande voix de la France qui l'appelait à la suivre, l'écho d'une voix plus haute. Il la nom-

(1) M. Louis Veuillot, qui a été, en Afrique, dans sa jeunesse, le secrétaire du maréchal. — La lettre, dans laquelle le grand écrivain catholique rend à Bugeaud ce témoignage, a un caractère intime; mais pour l'honneur de l'un et de l'autre, nous en voulons du moins citer un fragment. Il justifiera, mieux que tout le reste, ce que nous disons des sentiments du maréchal et de sa mort chrétienne :

« Il n'y avait point de gentil qui méritât mieux que ce brave
» homme de devenir chrétien, et, grâce à Dieu, il le fut de bonnes
» dispositions pendant les dernières années de sa vie et de fait, au
» moment de sa mort. Il était bon citoyen, brave soldat au superlatif,
» et non-seulement soldat, mais homme de guerre. En guerre et en
» politique, il brillait par le bon sens, et jamais à aucun titre ne se
» refusait à la vérité, lorsqu'enfin il la voyait. Il était honnête envers
» Dieu et envers les hommes : envers Dieu, quoiqu'il ne le connût
» pas encore ; envers les hommes, quoique de bonne heure il les eût
» connus très-bien. Ses défauts n'étaient que des maladies d'appa-
» rence et passagères. Tout le corps, je veux dire tout le carac-
» tère, était sain, robuste et bien fait. Je l'ai connu de près et
» longtemps. Bien souvent, en vue du monde, il me gouaillait de
» mes prières ; le soir, quand il était couché, bien souvent je lui
» faisais faire les siennes, et je n'avais pas grandes difficultés à
» vaincre pour cela. Il me suffisait de lui parler de sa femme,
» de ses enfants, de ses soldats ou de la France ; il disait *Pater*
» et *Ave*, et remettait son âme aux mains de Dieu. Je l'ai vu faire
» des actions d'âme héroïque et dignes d'être transmises à la
» postérité. »

mait du nom que mettait sur ses lèvres son ignorance des choses de Dieu. Mais le Destin dont il parle n'est pas la force aveugle du fatalisme ; c'est un plus noble Maître, c'est Celui qu'il priait, dans ses campagnes africaines, en lui recommandant la France et ses soldats, Celui qui, pour récompenser sa droiture, viendra éclairer le soir de sa vie et se pencher sur son lit de mort !

Ce qu'un instinct supérieur lui révèle comme l'œuvre de la Providence, il le réalise déjà par de merveilleux succès.

Quel spectacle que celui de ce vieux capitaine, débarquant, à la veille de la Sikkak, sur la plage africaine, et développant, avec précision, devant les officiers de sa petite armée, les règles d'une guerre qu'il n'a pas encore vue, mais que son sens droit, guidé par l'étude des anciennes guerres numides, a déjà devinée ! Avec quelle force il démontre les fautes commises en traitant un ennemi mobile, insaisissable, qui n'attaque que dans la retraite, comme une troupe disciplinée qui accepte le combat ! Avec quelle netteté il fait voir qu'en présence d'un adversaire qui se dérobe sans cesse, dans un pays où des sentiers impraticables courent seuls à travers les ravins et les montagnes, l'ennemi, ce n'est ni l'armée de l'Émir, ni le climat, ni le soleil, ni la fatigue : l'ennemi véritable, c'est le convoi ! Avec quelle clarté il établit que, pour atteindre l'Arabe et pour le vaincre, il faut être Arabe soi-même, c'est-à-dire léger comme lui, sans chariots, sans roues, sans artillerie autre que celle de montagne !

Les vieux soldats s'étonnent et résistent. Dans vingt rencontres, c'est l'artillerie seule qui a tenu l'ennemi à distance dans les retraites, c'est elle qui a sauvé l'armée à la Macta ; y renoncer, c'est s'exposer à quelque désastre plus horrible. Le général reste inébranlable. Il fait rembarquer pour Oran le matériel de l'armée, et, la veille de la bataille, il décrit, dans le détail, les incidents du lendemain ; comment, débarrassé de roues inutiles, il passera désormais dans les sentiers de l'ennemi ; comment il pourra dès lors tromper sa vigilance ; comment il fera donner toute sa troupe, et, pour la première fois depuis la conquête, il fera des prisonniers.

Tout s'exécute comme il l'a dit. A l'incrédulité, à la défiance succède l'admiration, et la guerre d'Afrique est fondée. Il n'y manque que le moyen de vivre dans les expéditions lointaines ; on le trouvera, grâce à la rapidité de nos marches, dans les silos des Arabes et dans les razzias de leurs troupeaux.

Mais, si à la Sikkak il enseigne à vaincre, à Alger il enseignera comment on change en un champ d'honneur un champ de désolation et de mort.

Plus de bornes restreintes à la conquête, plus de places et de blokhaus, où nos troupes, prisonnières des populations qu'elles ont vaincues, sont en proie à la maladie, à la faim. Il va prouver qu'il est plus facile de dominer le pays tout entier que de maintenir contre des populations insoumises vingt frontières mal définies, et que rien ne vaut, pour la santé des hommes, le clairon des batailles.

Il ouvre donc à la fois leurs forteresses devenues des prisons, et il les lance tous à la poursuite de l'ennemi.

C'est l'époque entraînante des combats, des marches sans fin, des embuscades, des périls, de la noble ambition, de la gloire. Que d'actes de brillant courage , que de poursuites, que de ruses, que de constance ,que de revers, que de retours inattendus, que d'ardeur d'une part, que de raison ferme de l'autre ! Quel drame que ces huit années, qui tiennent la France attentive, et qui font connaître à l'univers les noms de tous ses capitaines !

Bugeaud a porté ses premiers coups au cœur même de la puissance d'Abd-el-Kader. Déjà Mascara est occupée ; Taza, Boghar, Msila, Saïda sont détruits ; Tlemcen ouvre ses portes ; Sebdou est saccagé. Tagdemt, la capitale nouvelle, est prise, et l'Émir est réduit à n'avoir plus, comme il le dit lui-même, dans sa Smala désormais errante, qu'une capitale à dos de chameau.

Dans cette première campagne, et dans les dix-sept autres qui la suivront, presque sans intervalle, se groupe autour du vieux général cette pléiade d'hommes déjà illustres et d'autres que la renommée couronnera plus tard : Cavaignac, Randon, Montpensier, Bosquet, Saint-Arnaud, Montauban, Herbillon, Renault, Bourbaki, Martineau-Deschenez, Ladmirault, Bouscarin, Trochu, Daumas, Wimpffen, Vinoy, Jeanningros, Chanzy, et, à leur tête, ceux que l'on nommait les trois africains : Changarnier, Bedeau Lamoricière, rivaux de gloire, d'honneur, comme ils le seront, plus tard, de fidélité aux convictions de leur vie.

Changarnier, le brillant et intrépide soldat de Constantine, de Blida, du Col de Mouzaïa, de l'Oued-Fodda, de Ténès, de Téniet-el-Had et de cent autres combats; Changarnier, le seul resté debout, après trente années, et dont la verte vieillesse tient tête à ses adversaires, du haut de la tribune nationale, du même cœur qu'il poursuivait l'ennemi sur les cîmes de l'Atlas! Bedeau, soldat chrétien, qui gardait au milieu des camps la discipline du cloître, le sage de l'armée d'Afrique, le modeste et noble vainqueur de Tlemcen, de. l'Oued-Mouila, de l'Aurès, des gorges de la Kabylie! Et enfin, le plus illustre, le plus africain des trois, celui qui commençait à Sidi-Ferruch, simple lieutenant, sa vie militaire, et qui la terminait, général, dix-huit ans après, à Sidi-Brahim par la soumission d'Abd-el-Kader, Lamoricière!

Placé à la tête de la province d'Oran, au milieu de laquelle Abd-el-Kader a établi le siége de son empire, sur les frontières du Maroc où l'Émir cherchera plus tard son appui, Lamoricière se trouve mêlé à tous les grands faits de la guerre, tantôt à côté de Bugeaud qu'il seconde de son ardeur, tantôt seul, lorsqu'il prend de rapides initiatives ou que la confiance d'un si bon juge lui abandonne, durant son absence, le sort de l'armée; partageant sa gloire sans l'éclipser, complétant par ses qualités brillantes les grands et solides côtés du vieux maréchal.

Nous les avons vus ensemble, pendant huit années, ces deux capitaines que la France pleure encore, et dont les noms se sont trouvés sur tant de lèvres, comme pour opposer leur ombre à l'ennemi, aux époques de nos luttes et de nos désastres. Nous les avons vus luttant d'intelligence, d'énergie, de valeur, de gloire, de dévouement, d'amour pour toi, ô terre algérienne ! car, si tu nommais l'un ton père, l'autre pouvait à bon droit se dire ton fils, ayant reçu sur ton sol tous les honneurs de sa vie ! Jamais on ne vit deux hommes moins semblables briller d'un égal éclat ; mais jamais on n'en vit de plus dignes de cet éclat même. L'un, touchant presque à la vieillesse, ayant lentement gravi les degrés des honneurs militaires, presque obscur encore, malgré des services d'un demi-siècle, au moment où il va révéler les grandes vertus de l'homme de guerre ; l'autre, favori de la fortune, trouvant à chaque pas une nouvelle occasion de gloire, et courant, plutôt qu'il n'avance, jusqu'au sommet de la hiérarchie ; l'un, fortement nourri par l'expérience et par l'étude, ne laissant rien au hasard, disant volontiers, avec nos anciens capitaines, qu'il faut craindre l'ennemi de loin, pour ne le pas craindre de près, et calculant si bien ses coups qu'il n'en manque jamais un seul ; l'autre, bouillant du feu de sa jeunesse, se fiant aux éclairs d'une intelligence toujours en éveil, à cet instinct qui, dans la guerre, fait les hommes de génie, et triomphant de tous les périls où il se jette, à force de ressources, de volonté, de courage ; l'un, ménageant ses troupes ; l'autre, les rendant, par son exemple, capables d'affronter toutes les fatigues ; le premier, juste, humain même envers les vaincus, toutes les fois que le permettent les lois impérieuses de la défense, mais voulant les contenir par la force et par la crainte ; le second, les aimant et voulant gagner leurs cœurs par les bienfaits et par la confiance, missionnaire, si je l'ose dire, d'une si noble cause, et à force de foi dans son œuvre, la réalisant dans ses zouaves ; et pour que rien ne manque à tant de contrastes, le maréchal, de grande stature, ferme encore sous ses cheveux blancs, gardant la gravité de son rang et de son âge, marchant, au milieu de son armée, entouré de respect ; le général, petit, actif, alerte, bannissant toute gênante étiquette, et, la chéchia rouge sur la tête, à la main son bâton légendaire, enthousiasmant ses soldats par son humeur guerrière et par les éclairs de gloire qui, dans les combats, sortaient de ses yeux. Tous deux intrépides dans le péril, tous deux types de l'honneur, de la loyauté, de la droiture, de l'intégrité militaires ; tous deux dévoués à l'Algérie non moins qu'à l'armée, et comprenant que les travaux de la paix doivent succéder sans retard à ceux de la guerre, mais ici se séparant encore : Bugeaud ayant plus de foi dans la discipline et dans la main de l'État, Lamoricière croyant plus à la fécondité d'une libre initiative ; l'un et l'autre, sans avoir vu leur œuvre achevée, quittant le théâtre de leurs travaux et de leur gloire, le premier, pour mourir bientôt, en chrétien, au milieu des déchirements de la patrie ; le second, pour terminer, avant l'âge, par un noble sacrifice et par une fin héroïque, une vie si noblement commencée.

Un évêque peut-il le rappeler sans émotion, et n'est-ce pas l'un des plus grands spectacles de ce siècle, que le général illustre de nos guerres africaines, immolant sa vie militaire au droit et à la faiblesse écrasés par la force, et, proscrit lui-même, mettant sa glorieuse épée au service de la plus auguste infortune !

Je vous admire, général, sur la brèche de Constantine, je vous admire, au milieu des soldats que vous avez formés à votre image, à Mascara, à Mouzaïa, à Isly ; mais cette gloire guerrière, d'autres la partagent avec vous. J'aime mieux vous voir, seul, auprès du vieux Pontife que tout abandonne, et couvert, dans votre défaite, de l'auréole qui enveloppe cette grande et intrépide majesté. J'aime mieux, devant ces autels, me rappeler, telle que l'a décrite un historien digne de vous (1), la nuit terrible, où la mort enveloppa soudain de ses ombres la lumière d'une si belle vie. Là, seul, loin de ceux que vous aimiez, vous vous armiez, pour le dernier combat, de la croix que tenait votre main déjà défaillante, et vous invoquiez le nom de ce Dieu que l'adversité vous avait appris à connaître, et qui allait vous couronner d'une gloire que rien ne peut plus vous ravir.

Tels sont les hommes que, dans les premiers jours de la grande lutte, alors qu'il faut frapper des coups décisifs, nous voyons réunis dans un commun effort et comme dans une seule pensée. Mais, Tagdemt ruinée, les magasins et les fabriques d'armes détruits, les troupes régulières anéanties, tout change d'aspect. Ce n'est plus une

(1) KELLER, *Le Général Lamoricière, sa vie militaire, politique et religieuse.* 2 vol. in-8°.

armée que le général a devant lui ; c'est un peuple, dont les tribus éparses se soulèvent, se soumettent, se soulèvent encore, selon que le Français approche ou que l'Émir les entraîne par la terreur ou par l'enthousiasme. Le feu, les ravages, la mort sont partout à la fois. L'Émir se multiplie. Battu un jour dans la montagne, il apparaît le lendemain dans la plaine, après une course furieuse, menaçant nos alliés, enlevant nos colons, ruinant nos cultures. Pour le combattre et pour le vaincre, ce n'est plus assez d'une armée. Il faut dix armées diverses. Des colonnes légères se forment et se montrent partout à la fois, ayant chacune son chef et son centre d'action. Bedeau est à Tlemcen et Bab-el-Thaza ; Changarnier, à Cherchell, aux Beni-Menasser, à l'Oued-Fodda, à Ténès, à Téniet-el-Had ; Négrier, à Tébessa ; Leblond, en Kabylie ; Bugeaud, le duc d'Aumale, Lamoricière, Gentil, dans l'Ouaransenis ; Saint-Arnaud, aux Beni-Menad ; Ladmirault, dans les montagnes de Miliana ; Cavaignac, Renault, dans le désert, à la poursuite des Ouled-Sidi-Cheikh; Desvaux, à Tiaret ; Géry, à Médrissa. L'Émir, repoussé, fugitif, n'a plus où reposer sa tête. C'est alors que dans une marche rapide à travers les profondeurs du Sahara, et par une charge audacieuse, le duc d'Aumale enlève la Smala fugitive, et, avec quelques centaines de cavaliers, s'empare d'un camp défendu par cinq mille hommes et où se trouvent les femmes, les amis fidèles, les trésors de l'Émir. Les tribus, dépouillées, réduites à l'impuissance, sont contraintes de céder enfin à la force, et après tant d'années de luttes, Abd-el-

Kader laisse l'Algérie à son vainqueur et va demander au Maroc un plus sûr asile.

C'est la première fois que la paix est donnée à la colonie. Les tribus soumises sont confiées à la garde des chefs ralliés à notre pouvoir. L'Algérie va prendre enfin son essor. Quelques villages à peine s'élevaient près de l'enceinte des villes, quelques fermes isolées dans la Mitidja. Avec Bugeaud tout change, et on peut lire, dans les mêmes bulletins, les félicitations que le maréchal adresse aux troupes pour avoir battu l'ennemi et pour avoir bâti les villages ou défriché les terres.

C'est dans ces années que se fondent Chéragas, Douéra, Saoula, Beni-Mered, Fouka, Nemours, El-Arrouch, La Calle, Smendou et cent autres colonies; que les ports d'Oran, de Mers-el-Kebir, de Philippeville, de Bône et d'Alger reçoivent leurs premiers agrandissements; que les routes sont partout commencées; que le commerce prend vie, et que les populations arrivent dans des proportions encore inconnues, pour commencer ce rude et utile labeur, auquel appartient l'avenir. Je raconterai, quelque jour, l'histoire de vos travaux et de vos souffrances, colons de l'Algérie. Je les ai partagés avec vous, et nul plus que moi ne leur rend hommage; mais je dois donner des bornes à ce discours et m'arrêter à la création de la colonie. L'armée se multiplie pour une aussi grande œuvre; le génie construit les routes, les ponts, les murailles; l'artillerie transporte les immigrants; la cavalerie fait les moissons et les fourrages; l'infanterie est partout où la main de l'ouvrier est nécessaire. Les chefs sont colons comme les soldats : Bosquet fonde Sétif, Pélissier construit Mostaganem, Marey-Monge relève les ruines de Médéa, Saint-Arnaud crée Orléansville, Randon dessèche les marais de Bône. C'est un atelier immense, où chacun porte à l'œuvre commune le tribut de ses efforts, une main au travail, l'autre sur son épée, également prêt à s'attaquer au sol ou à l'ennemi. Bugeaud est l'âme de ce mouvement, et tant qu'il est là, sa volonté lui donne un succès rapide. Mais il lui manquera le temps d'organiser les œuvres de la paix, comme il avait organisé celles de la guerre. Il comprenait à la fin, après avoir eu longtemps des pensées contraires, que l'intérêt suprême de la colonie était de marcher vite, même aux dépens quelquefois d'une rigoureuse discipline. S'il eût survécu à la guerre, il aurait renversé, sans doute, les barrières élevées par un vain formalisme et la perpétuelle intervention de l'État; et, comme il avait conquis l'Algérie, en l'ouvrant librement à l'armée, il l'eût colonisée, en l'ouvrant librement aux colons.

Cependant Abd-el-Kader songe à un retour offensif plus menaçant que ses attaques passées. Une agitation sourde, produite par ses partisans fanatiques, éveille dans l'Émir l'espérance de renverser le Sultan du Maroc, de s'emparer de son trône, et d'entraîner contre nous, à sa suite, non plus quelques tribus découragées, mais tout un peuple nouveau.

Le faible Abd-Erraman est contraint, pour échapper au péril qui le menace, de se déclarer contre nous. Le maréchal, toujours attentif, accourt du fond de la Kabylie. Isly sera le théâtre du plus noble des exploits de ce vrai capitaine. C'est là qu'il mettra le sceau à sa renommée et qu'il cueillera des lauriers immortels. C'est là qu'ayant en face de lui une armée de vingt-mille hommes déjà réunie, et n'en comptant lui-même que dix mille, il retiendra les impatiences de son armée, et attendra que les renforts marocains soient arrivés et que l'ennemi ait doublé son nombre. C'est là qu'il expliquera à ses lieutenants que, pour des masses indisciplinées, le nombre est une faiblesse, et qu'avec dix mille hommes de vieilles troupes ils sont d'autant plus sûrs de vaincre, que le nombre de leurs adversaires s'est augmenté. Il le prouvait, la veille du combat, avec sa verve ordinaire, par les exemples fameux de l'antiquité, où de faibles armées, comme celles d'Alexandre, avaient aisément triomphé de multitudes barbares. Mais il le prouva bien mieux, le lendemain, sur le champ de bataille, lorsque ces tourbillons mêlés d'hommes et de chevaux s'élançant sur notre armée, ils la trouvèrent disposée dans un savant ordre, qui faisait pleuvoir sur les assaillants, engagés dans les échelons formés par nos troupes, des feux qui se croisaient de toutes parts. Les premiers qui se sont élancés, s'enfuient éperdus, et jettent un nouveau désordre parmi ceux qui se précipitaient, au hasard, sur leurs pas. Bientôt la confusion est à son comble, les marocains tournent leurs fureurs contre eux-mêmes, et nos soldats, ne trouvant plus rien qui leur résiste, n'ont qu'à marcher vers le camp en frappant tout ce qui ne peut fuir. Cent des nôtres succombent à peine, tandis qu'on ne peut compter leurs morts. Leur artillerie, la tente du prince qui les commande, leurs drapeaux deviennent notre proie, et parmi le butin, des monceaux de chaînes avec lesquelles ce chef de barbares avait ordonné de lui amener nos généraux enchaînés après leur défaite. Tant il méprisait notre petit nombre! Mais le maréchal lui avait montré, selon ses maximes favorites, qu'on ne décrète point la victoire, que l'enthousiasme ne tient guère contre les coups d'une bonne artillerie, et que le nombre ne remplace ni la science ni la discipline.

C'est le dernier coup porté à la puissance de l'Émir. Il essaie, par un suprême effort, de lutter encore, et profite d'une absence du maréchal pour reparaître en Algérie. Il massacre à Sidi-Brahim un détachement de nos soldats, et il tente par ce sanglant exploit un appel désespéré à ses anciens partisans. Mais le vieux lion, comme il le nomme, ne lui laisse pas le temps de rallumer l'incendie. Il accourt au premier cri d'appel, oubliant l'ingratitude qui a déjà payé ses premiers services. Lamoricière, Levasseur, le duc d'Aumale, Yusuf, Pélissier, Canrobert occupent à la fois l'Eghris, le Chéliff, le Dahra ; et Abd-el-Kader, chassé de toutes parts, s'enfuit jusque dans la Kabylie. Ces fiers montagnards lui déclarent que, s'ils ont toujours respecté leurs hôtes, ils n'ont jamais accepté de maître. L'Émir cède à la fortune, et reprend une dernière fois le chemin du Maroc. Là, menacé par les soupçons toujours éveillés du Sultan, il rend à la générosité de la France un suprême hommage en venant se remettre entre ses mains. C'est Lamoricière qui accueillera, à Sidi-Brahim, sur le théâtre même du dernier massacre de nos soldats, l'Émir fugitif, et un prince de la maison de France, le duc d'Aumale, recevra l'épée de ce nouveau chef des croyants. Bugeaud venait de quitter l'Afrique pour n'y plus revenir ; mais, quoiqu'il fût absent du dernier acte de ce drame, il en était néanmoins le héros : c'était le fruit de ses huit ans de victoires.

Comment parler des années qui vont suivre, des grandes expéditions de la Kabylie, des pointes hardies accomplies dans le Sud, des insurrections toujours réprimées? Les noms, qui, entre tant d'autres, se pressent dans ma mémoire, de Randon, de Mac-Mahon, de Barral, d'Aurelle de Paladines, de Charon, de Bataille, de Marmier, de Lebrun, de Pourcet, de Desvaux, de Cissey, de Beaufort-d'Hautpoul, de Ducrot, de Martimprey, de Fénelon, de Margueritte, de Wolff, de Colomb, de Deligny, de Chanzy, de Sonis, de Lacroix, de Lallemand, de Cérez, m'avertissent qu'il faut finir, de peur que la louange, ne s'adressant presque plus qu'à des vivants, ne paraisse prendre, sur mes lèvres, les apparences de la flatterie.

Telle est l'œuvre de la conquête. Jamais peuple ne dépensa plus généreusement son sang et ses trésors; jamais armée n'acquit plus de gloire. Et néanmoins, l'œuvre répondrait-elle à de si nobles efforts, si elle devait s'arrêter aux résultats qui sont sous nos yeux ?

Des travaux immenses et magnifiques, des villes, des monuments, des routes, de vastes entreprises ; mais au fond, un pays, qui a coûté à la France plus d'or qu'il n'en aurait fallu, il y a quatre années, pour payer sa rançon, et qui ne peut jusqu'ici se suffire à lui-même ; une colonie, qui compte moins d'habitants Français qu'elle n'a coûté d'hommes à la France ; des terres, qui ont donné moins de richesses, malgré leur admirable fécondité, que celles que l'on eût obtenues des terres de la Mère-Patrie, avec les mêmes efforts.

Est-ce donc pour cela que nous avons vu la Providence tout conduire comme par sa main ? Est-ce là ce qu'elle voulait, lorsqu'elle précipitait ces barbares, lorsqu'elle contraignait la France à la suivre, malgré tant de résistances, lorsqu'elle donnait tant d'invincible ardeur à ses soldats, tant d'aveuglement à ses ennemis, et à la fin, tant de sagesse à ses capitaines, et qu'elle forçait le plus grand de tous à confesser publiquement qu'il ne se rendait qu'à sa voix ? Et ne l'avons-nous pas vue, nous-mêmes, se servir des moyens qu'elle seule emploie, parce que seule elle les tient dans sa main puissante ? Il y a quelques années, lorsque, par un triste retour, nous voyions, au lieu de la France nouvelle que notre armée était venue conquérir, se dresser devant nous je ne sais quel royaume barbare, par quels tonnerres ne fûmes-nous pas réveillés, et quelles sinistres lueurs ne frappèrent pas nos regards ? Les fléaux des anciens jours, les mêmes qui domptaient, entre les mains de Dieu, l'aveuglement des Pharaons, les sauterelles, la famine, la peste, ouvrirent les yeux aux plus incrédules, et forcèrent d'abaisser toutes les barrières; et, hier encore, l'insurrection formidable qui semblait devoir nous perdre, n'est-elle pas devenue, entre les mains d'un homme (1) dont vous n'oublierez ni l'énergie, ni l'intégrité, ni la haute intelligence, et dans celles d'un successeur (2) illustre à tant de titres, et dont la modestie a seule le pouvoir de fermer aujourd'hui mes lèvres, un moyen de reprendre l'œuvre interrompue et de guérir tant de blessures?

Non, l'éternelle Sagesse, qui proportionne toujours les moyens à la fin qu'elle veut obtenir, ne se proposait pas, par de si grands coups, des effets jusqu'à présent si précaires. D'ailleurs, en empruntant la main de la France, Dieu ne voulait-il pas faire entendre au monde qu'il avait de plus grands desseins?

Ce n'est pas ta mission, ô France chrétienne, d'arracher, pour prix de ton sang et de ta gloire, les trésors des peuples vaincus; ce n'est pas ta mission de les chasser devant toi pour te faire place, en les livrant à la mort : ton génie est de communiquer, au prix du sacrifice, tes sentiments et tes lumières. C'est là ce que tu as fait pendant tant de siècles pour la vérité; c'est là ce que tu as fait même pour tes erreurs; c'est là ce que tu fais encore par tes écrits, par ta parole, par ta langue restée celle du monde civilisé. C'est là ce que tu es venu faire dans ce monde barbare. Tu es venu, non pas seule-

(1) M. l'amiral comte de Gueydon.
(2) M. le général Chanzy.

ment y chercher de l'or, **mais** y porter la justice ; non pas seulement y récolter de plus riches moissons, mais y semer la vérité ; non pas y fonder ton pouvoir sur la servitude et la destruction des vaincus, mais y former un peuple libre et chrétien. Et si tu doutais de ma parole, parce qu'elle pourrait te paraître inspirée par mon ministère, quoique je sois le successeur de ces Évêques qui ont formé ton âme et que je connaisse ton âme aussi bien que toi-même, j'emprunterais celle d'un soldat, de celui qui a connu également tes ardeurs nouvelles et ton ancien cœur, de Lamoricière, qui, parlant de ta conquête et des desseins de Dieu sur elle, a renfermé en ces simples mots tout ce que je viens de dire : LA PROVIDENCE, QUI NOUS DESTINE A CIVILISER L'AFRIQUE, NOUS A DONNÉ LA VICTOIRE (1).

Voilà ta mission. Elle est belle, elle est digne de toi, et tu ne l'as payée trop cher ni par tes trésors, ni par le sang de tes fils, ni par votre gloire, ô soldats de l'Armée d'Afrique ! Et maintenant laisse dire ceux qui s'étonnent ! Le soleil, lorsqu'il s'élance dans sa course à travers les cieux, s'arrête-t-il, en répandant sa lumière, aux plaintes de ceux qu'inquiètent ses ardeurs ? Avance par la pratique de l'humanité et de la justice, par l'exemple des nobles vertus qui sont l'apanage des nations chrétiennes, par la charité envers les faibles, par les inspirations de l'Évangile ; car si tu as promis de respecter, dans ce peuple, le sanctuaire de la conscience, tu n'avais pas le droit d'humilier, comme tu l'as fait durant tant d'années, la croix

(1) KELLER. *Lamoricière, sa vie, etc.*, t. I. p. 51.

devant le croissant, en paraissant oublier ton culte, et le renier même quelquefois, par les insultes dont tu le laissais couvrir ; tu n'avais pas le droit d'enchaîner la vérité et d'empêcher nos lèvres de la répandre. Et ne crains pas que pour ressusciter la foi sur ces rivages, je demande les armes sanglantes par lesquelles le Coran l'a étouffée, il y a de longs siècles. Je sais que si, pour la liberté de son ministère, un Évêque doit être prêt à donner sa tête, il doit garder en tout les règles de la sagesse et de la douceur. Je sais que ma poitrine devrait, s'il le fallait, être la première à se placer devant les vaincus, pour protéger, contre d'injustes violences, leurs âmes autant que leurs corps.

Mais ce n'est pas assez d'un peuple. Montez en esprit, avec moi, sur ces cîmes inaccessibles qui bornent notre horizon, et jetez vos regards sur l'immensité qui nous entoure. Auprès de nous, les débris d'une nation autrefois chrétienne, mêlés à ceux des invasions barbares. Au delà, sur la surface de ce continent immense, la plüs affreuse barbarie, l'ignorance, le sang, l'anthropophagie, l'universel esclavage. Déjà le monde chrétien, l'Espagne, le Portugal, l'Angleterre, la Hollande, les missionnaires de tous les peuples, assiégent ses côtes de toutes parts. Des pionniers intrépides ont pénétré dans ses profondeurs inconnues, et l'univers étonné se passionne pour leur courage, comme il se passionne pour les conquérants. Ces efforts lointains seront longtemps stériles. Les pacifiques conquérants de l'Afrique doivent être à portée de recevoir, d'une main, de l'Europe chrétienne, ce qu'ils donneront, de l'autre, à tant de races déchues. C'est vous qui ouvrirez les portes de ce monde immense, et les clés de ce sépulcre sont ici dans vos mains. Déjà il est ouvert par votre conquête. Un jour, si vous êtes, par vos vertus, dignes d'une mission si belle, la vie y renaîtra avec la lumière, et tous ces peuples, aujourd'hui perdus dans la mort, reconnaîtront qu'ils vous doivent leur existence ; et en apprenant votre histoire, votre gloire, votre valeur, ils seront fiers de leurs ancêtres.

Pour moi, mes yeux ne verront pas ce jour ; mais je l'attendrai, du moins, avec une ferme confiance, qui me suivra jusque dans la mort. Là, si Dieu fait miséricorde à mon âme, mes prières chercheront encore à en hâter la venue. Prosterné devant le trône de l'Agneau, dont le sang a racheté tous les peuples du monde, j'unirai ma voix à celle des Martyrs, des Docteurs, des Pontifes de l'ancienne Afrique, qui implorent, depuis tant de siècles, la résurrection de leur patrie. Lorsqu'enfin ces vœux seront exaucés, ma cendre refroidie tressaillera au fond de sa tombe, et, déjà perdu dans les clartés éternelles, j'entendrai, avec des transports nouveaux, mêlés à l'hymne de l'action de grâces, les noms que je viens de vous redire et que je veux porter sans fin, gravés dans mon cœur, l'Eglise, la France, la terre africaine : l'Eglise, dont je suis le ministre ; la France, dont je suis le fils ; l'Afrique, que vous avez conquise et dont Dieu m'a fait le Pasteur !

Ainsi-soit-il !

Alger. — Typ. A. JOURDAN, imprimeur de l'Archevêché.